그릇에 관한 명상

국립중앙도서관 출판시도서목록(CIP)

그릇에 관한 명상 / 지은이: 이지엽. -- 양평군 : 시인생각, 2013
   p. ;   cm. -- (한국대표명시선100)

"이지엽 연보" 수록
만해사상실천선양회의 지원으로 간행되었음
ISBN 978-89-98047-88-7 03810 : ₩6000

한국 현대시[韓國 現代詩]

811.7-KDC5
895.715-DDC21   CIP2013013026

한 국 대 표
명   시   선
1   0   0

이 지 엽

그릇에 관한 명상

시인생각

■ 시인의 말

  삼각형의 불안정하고 날카로움을 지나 사각형과 직선의 곧은 선을 경유하여 어느덧 곡선에 이르고 보니 삼십 년이 넘었다. 모나고 아픈 세월이 누구에겐들 없으랴마는 그 사이를 지나오면서 나는 줄곧 부채의식에 시달리고 있다. 아픈 누군가를 그냥 지나쳐 왔다는 생각, 보다 더 낮게 섬길 수 있었는데 조금은 뻣뻣하고 건조했다는 느낌들을 떨칠 수가 없다. 이제 조용히 무릎을 꿇자. 중요한 것은 지금 보이는 것이 아니다. 돌아서면 쓸쓸한 배경으로 남아있을 어둠이라도 그냥 흘려보내지 말고 이제는 친구처럼 수긍하며 맞아들이자. 애써 따라온 몸아! 고맙다. 산아 네모야 선들아 의자야 시야 시간아 다들 고맙다.

2013년 6월
이 지 엽

■ **차 례** ──────── 그릇에 관한 명상

시인의 말

1 새

애월涯月   13
사각형에 대하여   14
활~짝   15
널배   16
새   18
알   20
빛과 소금   22
구제역 살처분 동물 분향소   23
오분자기 뚝배기   24
그릇에 관한 명상   25
사랑 이미지 1 —직선과 곡선   26

한국대표명시선100 이 지 엽

2 내가 사랑하는 여자

다시 백담에 들다   29
의자   30
내가 사랑하는 여자 1   32
내가 사랑하는 여자 2   33
물항아리   34
신성한 식사   35
세한의 눈발   36
기도와 믿음   37
입이 둥근 이유   38
유채 꽃밭, 돌무덤   39
공   40

3 물은 여자다

다시, 황토를 생각하다　43
북으로 가는 길　44
못　45
물의 힘　46
물은 여자다　47
편안한 만남　48
국화　49
그리움　50
둥긂의 힘 ―가벼워짐에 대하여·2　51
사람이 사람을 견디게 한다
　　　―가벼워짐에 대하여·3　52
배경　54

4 해남에서 온 편지

황토　57
가벼워짐에 대하여　58
아름다움의 한가운데　59
적벽을 찾아서　60
한국의 가을　61
해남에서 온 편지　62
하동 가는 길　64
작은 사랑　65
연蓮　66
선線에 관한 명상　68
정점頂點　69
게장 담그기　70
자살바위 ―무등일기無等日記·3　71
유채밭에서 ―무등일기無等日記·43　72
튕겨나오는 공을 보면·2　73
나사에 관한 기억　74
여자는 길이다　76

5 떠도는 삼각형

떠도는 삼각형·1　81
떠도는 삼각형·2 —그네　82
떠도는 삼각형·4　84
삼각형에 관하여　86
일어서는 바다·1　87
일어서는 바다·2 —부활의 아침을 위하여　88
비가悲歌　90
줄넘기　91
그대 하늘에 뜨는 내 사랑은　92
목숨에 기대어　94
6월 이미지　96
가을에　98
겨울 일기　100
북악·5 —어떤 꿈　103
사랑 산조散調·5 —팔매질　104

이지엽 연보　105

1
새

애월涯月

애월,
너를 부르면
젖몸살 바람들이
절벽 끝 떨어져 눈시울 젖는 나는
활처럼 휘는 노래 다 부를 수 없느니
젊은 날 물이랑 차오르는 이어도 사랑
포구는 이미 깊어, 가고 싶어도 못 가고
굽은 등, 달 닮은 물가 네 눈물에 무너지네
살 그리운 흰 파도 우는 날의 저녁 등대에
꽃뜸 뜨는 해안선 물빛 선한 마음들 남아
수평선 끝내 못 지울 이름
내 부르다 죽을
애월

사각형에 대하여

책상과 TV와 칠판과 방과 집
모두가 사각형이다 이 거대한 네모의 세계
틀 안의 명료한 질서가 우리를 지배한다

읽는 책도 쓰는 종이도 반듯한 네모
벗어나선 단 한 줄의 글도 시도 쓸 수 없다
행간의 미끄러짐도 모두 지워야 한다

모서리에 부딪혀 늘 상처 덧나는 무릎
내 너를 사랑한 것도 꽃잎 찧는 일일 텐데
휘어져 떠나간 자리 암호처럼 깊은 계절

어디서 잃어버렸을까 동그란 얼굴의 기억
좌대에서 벗어난 돌, 여울이라는 슬픈 말…
늦도록 바람의 능선을 소슬하니 바라본다

활~짝

까치밥 감 하나가 풀밭 위로 떨어진다
거짓말 같이 깨지지 않는
저 온전한 느낌표 하나
붉은 뺨 살포시 적시며
겨울 햇살이 따사롭다

날아오르는 것에만 어찌 날개 있으랴
실핏줄 흙 향기에도
숨 모으던 풀잎들
동트는 하늘 한쪽을
확 밀어 재끼고 있다

널배

남들은 나무라는데
내겐 이게 밥그륵이여
다섯 남매 갈치고
어엿하게 제금냈으니
참말로
귀한 그륵이제
김 모락 나는
다순 그륵!

너른 바다 날 부르면
쏜살같이 달리구만이
무릎 하나 판에 올려 개펄을 밀다보면
팔다리 쑤시던 것도 말끔하게 없어져

열일곱에 시작했으니 칠십 년 넘게 탄 거여
징그러워도 인자는 서운해서 그만 못 둬
아 그려, 영감 없어도 이것 땜시 외롭잖여

꼬막만큼 졸깃하고 낙지처럼 눌어붙는
맨드란 살결 아닌겨

죽거든 같이 묻어줘
인자는
이게 내 삭신이고
피붙이랑게

새

1

이것이 너를 보내는 마지막 자리라면 은유나 상징으로 눈 감은 채 건너고 싶다

에둘러 돌아간 자리
남아 있는 말줄임표

2

아마 날고 싶은 꿈은 수억 년 전이었으리 트라이아스기에서 백악기까지 날던 익룡翼龍

우항리右項里 물갈퀴새 발자국,
햇살들도 울고 있다

3
누가 너를 감춰뒀다 메아리로 풀어놓았을까 바닥의 삶이라도 우화하는 꿈의 날개

사람들 저녁 하늘을 보며
일순 평안해진다

*) 2011년 오늘의 시조문학상 수상 작품.

알

물방울 한끝이 둥글게 팽창하다가
여릿여릿 한쪽으로 고개를 내민다
움켜쥔 주먹 속 눈물
눈시울이
붉어진다

풀면 죄다 죄罪가 될 말, 이리 많았던 게야
모두 쏟아내고 기꺼이 죽는 연어처럼
장엄한 다비의 말씀들
검은 씨앗의
별이 뜨고

으밀아밀 와이퍼 하나 쓰윽 지나가고
애써 끌고 온 길이 일시에 지워진다
햇살에 빛나는 차창
하얗게 빈
목구멍 그늘

호밀밭 휘파람처럼 작고 둥근 소리들이
깨끗하게 지워진 자리, 너를 다시 품고 싶다
순결한 가난한 기도가
겨울 문 앞
맑아지도록

*) 2012년 제32회 가람시조문학상 본상 수상 작품.

빛과 소금

빛이 된다는 것,
바라보는 일입니다
어두운 그대 방을
꽃밭 되게 합니다
맨몸을 다 드러내고
혼자서도 오롯합니다

소금이 된다는 것,
스며드는 일입니다
자신의 몸 다 녹여
흔적 없이 사라집니다
섬김의 낮은 자리라도
하나 되어 행복합니다

구제역 살처분 동물 분향소

근조謹弔 글씨 길게
마당까지 내려와
눈을 쓸고 있는 저녁

웃고 있는 돼지와
눈이 큰 선한 소의 영정

조문 올 다른 돼지도 소도 없는 영 조용한 마을

오분자기 뚝배기

오분자기 뚝배기에는 제주의 눈물이 있다
척박한 돌밭머리
주저앉은 할멍 같은
4·3의 다랑쉬 동굴, 유채밭 멀미가 있다

뜨거울수록 시원한 건 아무래도 바람 때문
커터 칼날 숨비소리
동안경굴 고래 콧바람
저 오름 아무리 밟아도 숨 막히는 억새 때문

골갱이에 태왁을 번갈아 쥐면서도
영 수줍어하는 여자
새침한 입술 같아
한 그릇 다 비우고도 숟가락 놓지 못한다

그릇에 관한 명상

흙과 물이 만나 한 몸으로 빚어낸 몸
해와 달이 지나가고 별 구름에 새긴 세월
잘 닦인 낡은 그릇 하나 식탁 위에 놓여 있다

가슴에 불이 일던 시절인들 없었으랴
함부로 부딪혀 깨지지도 못한 채
숨 막혀 사려 안은 눈물, 붉은 기억 없었으랴

내가 너를 사랑함도 그릇 하나 갖는 일
무형으로 떠돌던 생각과 느낌들이
비로소 몸 가라앉혀 편안하게 잠이 들 듯

모난 것도 한때의 일 둥글게 낮아질 때
잘 익은 달 하나가 거울 속으로 들어오고
한 잔 물 비워낸 자리, 새 울음이 빛난다

사랑 이미지 1
― 직선과 곡선

직선의 힘으로
남자는 일어서고
곡선의 힘으로
여자는 휘어진다
직선과 곡선이 만나
면이 되고 집이 된다

직선은 길을 바꾸고
지도를 바꾸지만
곡선은 그 길 위에
물 뿌리고 꽃을 피운다
서로가 만나지 않으면
길은 길이 아니다

2

내가 사랑하는 여자

다시 백담에 들다

인제군 남면 수산리 소양호 끝자락
물안개 바다,
하얗게 빛나는 자작나무

어둠속 혼자서 먹는
순모밀국수 같은
슬픔이여

의자

시 쓰는 놈이 왜 그걸
딱딱하다고만 생각하냐
머시냐 거 꽃게 속 연한 속살 있냐 안
그렇게 부드럽단마다
밥이 곧 의자 아니든?

어디 뛰다닌다고
다 시가 되드냐
시 쓰는 것 결국에는 엉덩이 아니더냐
지그시 눌러 앉아서
지우고 또 묵히고

니 애비도 속창시 읎이
하라는 농사는 않고
뚝배기에 막걸리 한 잔, 소리도 잘했어야
이제사 생각해보니
그것도 의자였어야

엉거주춤 섰지만 말고
거기 풀썩 앉어봐라
아무리 힘준다고 고것 꼼짝이나 하든?
죽으믄 다 소용없어야
그 자리가 꽃자리여야

내가 사랑하는 여자 1

1. 생강

울퉁불퉁 따뜻하게 몸을 데워주는 여자
매우면서도 향긋하게 실눈으로 웃는 여자
황토색 발을 가진 여자
못 생겨도 정 많은 여자

2. 마늘

내 마음 아린 눈물 짓찧어져 우는 여자
전세대란 쫓겨나서 맵고 섧게 우는 여자
곰 같은, 동백 같은 여자
혀 아리게 눈물 빼는 여자

3. 양파

벗을수록 더 뽀얀 속살로 희게 웃는 여자
비밀의 방 불을 켜서 남자 서넛 가진 여자
잡으면 몸 빼는 여자
때려도 웃는 여자

내가 사랑하는 여자 2

1. 참깨

배롱꽃의 눈썰미, 짜글짜글 권 있는 여자
가지 끝 죄 울리며 애기 하나 갖자는 여자
귀와 눈 맑히는 여자
바람결 혹, 옷 벗는 여자

2. 식초

휘어지는 휘파람 허릿결 상큼한 여자
짜릿한 속살의 눈짓 보리순 같은 여자
간이역, 기적(汽笛) 같은 여자
말간 소주 같은 여자

3. 식용유

잘 닦인 책 속으로 사라지는 길 같은 여자
끊임없이 향기 울려나는 백향목 숲 같은 여자
유리창 햇살 같은 여자
화선지 같은 여자

물항아리

물만 담긴 항아리에서 사리가 나왔다

관 밑에 완전 밀봉한 항아리에, 물을 반 넘게 담고 입구를 한지로 막고 다시 뚜껑을 덮은 뒤 그 위에 기와와 황토와 큰 돌과 다시 황토를 깔고 기와를 서로 겹쳐 놓은 물항아리. 말하자면 결국 항아리는 한지, 뚜껑, 기와, 황토, 돌로 완전 밀봉되는 셈인데 그 물항아리에서 사리가 나왔다. 사리가 물을 따라간 것일까. 항아리의 밖에서 안으로 사리가 어떻게 스며들었을까. 안과 밖의 한 몸인 항아리의 몸, 물은 그 몸에 스며들어 달이 되었다 달은 나를 낳고 시를 낳았다. 그러니 항아리가 나다 항아리가 생명의 집이고 시의 왕국이다

한 동이, 한 동이 물로 넉넉하게 세상을 다스리다
잠드신 아 어머니

신성한 식사

　　— 입에 들어가는 것이 사람을 더럽게 하는 것이 아니라
　　　입에서 나오는 그것이 사람을 더럽게 하는 것이니라*

마른 무 쪼가리, 콩자반에 김치
할머니 진지를 드시네

나물 싸주던 흙손으로
돈을 세던 갈퀴손으로 김치를 쭉 찢어
눈 감고 한입 밀어 넣으시네
눈곱 낀, 한쪽은 반 쯤 감긴 눈
두 개 남은 앞니로
오물오물 꿀~꺽
식사를 하시네
낮술 취한 망나니 아들이 건들건들
이 할망구 뒈져 죽어 버려라 해도
할머니 대꾸도 않고 콧물 쓰윽
검지 손께로 훔치며 식사를 하시네
남은 좌판에는 머위대, 헝클어진 돌나물, 고들빼기
오가는 행인들의 투박한 발걸음마다
보풀거리며 일어나는 먼지 속에서

할머니, 웃뜸 마실 가듯 천천히 늦은 점심을 드시네

*) 마태복음 15장 11절.

세한의 눈발

꿀꿀꿀 돼지 가족들이
즐거운 소리 내지릅니다

 온몸으로 뒹굴면서 꿀꿀, 처음 맡아보는 흙냄새 물컹한 안개 주둥이로 거둬내며 비명을 지르고 있습니다 이리 상큼하고 깨끗한 땅강아지 내음이라니, 이 얌전하고 보드라운 흙내 이리 킁킁 저리 킁킁 살갑게 주둥이를 들이대며 애교스럽게 누워보는 돼지들 뱃가죽이 축 처진 엄마돼지, 눈 부라리는 아빠돼지, 그 사이에도 엄마 젖에 주둥이를 들이밀고 꼬리를 뱅뱅 흔들고 있는 새끼 돼지들… 온 가족들의 살가운, 실로 오랜만의 나들이— 위에서 포클레인이 입 쫙 벌리고서 한참동안 바라보고 있습니다

이내 곧 생매장할 구덩이에
흰 눈발 까맣게 몰리고 있습니다

기도와 믿음

기도는 머리고 믿음은 발이다

사랑은 그 사이를
오갈 수 있지만 가진 이가 드물다
말은 구름과 같아
없어 졌다 나타나
산성비를 뿌린다
머리는 마음에 있어 바다도 건널 수 있지만
발은 절벽에서 한 발짝도 움직이지 못하니
어려워라
바라는 것들의 실상과
보이지 않는 것들의
증거를 갖는다는 것*은

기도는 예언에 가 닿고 믿음은 꽃에 가 닿는다.

*) 히브리서 11장 1절.

입이 둥근 이유

세모와 네모의 각이 진 말들을 다 버리고

보드라운 바람의, 봄바람의 하얀 발가락
둥근 아이 둥근 눈망울 달 달 무슨 달
봉긋한, 아늑한, 저것 봐라, 오와 이 사이 홀랑 옷 벗은 반달
물방울 귀엣말

아, 그래
정말 그랬었지…
쇠별꽃 향기로
네 눈물에 가 닿으라고

유채 꽃밭, 돌무덤

아름다운 것에 더 애진 슬픔이 있다는 말,
이제는 알 수 있네

그때도 유채꽃 환한 날이었을라나. 평지나 다름없는 화강암 거친 돌밭에 숨어든 사람들이 나오지 않는다고 좁은 굴 입구와 출구 쪽에서 맞불을 놓았다는데, 무자년 4·3 소개령이 쩌렁쩌렁 다랑쉬 마을을 쓸어내리던 날, 해방이라고 이제는 배곯지 않는 살만한 세상 왔다고 웃음꽃 만발한 아낙들이, 가나다라 이제 한글을 배운다고 강아지처럼 뛰놀던 아이들이 영문도 모르고 숨어든 비좁고 컴컴한 굴속, 솥단지와 쌀알과 공책 그러안고 여보 누나 엄마 하나님을 부르고 그대로 생매장된 풀 한포기 돋지 못한 돌무덤이여

샛노란 유채꽃 지는 남도
말문 닫고 귀 닫고 싶은 봄날

공

슬픔이라는 말에는 왜 앞과 뒤가 없는 것일까

공이 굴러간다 도르르 말리는 바람을 따라 구르는 공 구르다가 넘어지고 넘어지다 일어서서 앞서거니 통통 뛰다가 뒤돌아보다가 흘끔거리다가 한 대 쥐맞는 시늉을 하다가 눈을 희번덕거리다가 굴러간다 한 개 두 개 백 개 천 개 만 개의 공이 만개滿開하고 있다 가지마다 둥글게 매달리는 공 너를 사랑한다 사랑한다 공이 딱따구르 다구르르 굴러간다 잡을 수 없는 향기 같은 공 이제 잊어야 해 제발 발이 저린 듯 멈칫하다가 다시 구른다 구르는 것이 오직 처음의 약속인 듯 물을 마시는 공 목이 마르다 후회는 늘 막차를 타고 온다 공이 먼지 속으로 들어가 보이지 않는다 보이지도 않는 공이 구르는 소리 와르르 만 개의 꽃이 지고 있다

가슴에 천 개의 구멍을 내고 네 눈물을 받는 저녁

3

물은 여자다

다시, 황토를 생각하다

살구꽃 하르르 지는
그 환하고 아픈 자리

그렇게 사람이 그리운 날,
빈 절 한 채 내 사랑은

종소리, 그 견디는 赤身과
봄비 사이
혼자 가네

북으로 가는 길

벽제 승화원 지나 자유로 청아공원 가는 길
은행의 노란 잎들이 만장처럼 장엄하다
한 생애 애끓는 염원도 황금빛으로 눈이 아리다

그렇게 가고 싶어 했던 나라에 하마 도착했을까.
평안남도 평원군 조운면 그 언덕배기
쏴르르 청작淸酌 한 사발, 바람으로 당도했을까

눈도 채 감지 못하고 입도 반쯤 벌린 채로
마지막 숨을 거두며 혼자 박았을 녹슨 못과
상처의 젖은 땅 건너 다비茶毘의 그 적멸을 생각한다

저렇게 돌아가는 거다 햇살처럼 빻아져
흰 뼈 몇 점, 감 톨 몇 점, 기러기 울음 몇 점……
이 가을 사람의 사랑, 하늘에 붉게 걸고 싶다

못

슬프면 차라리 웃지 그랬어

그래도 아프면 눈 감지 그랬어

눈 감고 떠날 양이면 소리치지 그랬어

물의 힘

낮은 데를 찾아가는 네 마음 이제 알겠다
낮은 데선 고개 들고 높은 데선 수그리는
옹졸한 나의 처세술
너를 보니 알겠다.

허공에 길을 만들며 이 겨울을 노래 하지만
누가 빈 손 빈 들 막막한 바람 막아주랴
한 뼘도 더 오르지 못하고
주저앉은 하늘 난간

꽃 위에 향기를 둘러 믿음을 위장하고
열매 위에 질투를 얹어 사랑을 위장하지만
힘 다해 섬기는 너를 보니
땅 보기도 부끄럽다.

사람들은 탑을 쌓아 하늘에 닿고 싶지만
그것은 사람만의 일, 물은 바닥에 다다른다.
아마도 그 울음 당겨
봄이 저리 환한가 보아.

물은 여자다

물은 맨발의 여자, 무릎 꿇은 여자다
부드러운 땅과 슬픈 하늘을 가지고
자식의 용서를 구하는 맨바닥의 어머니다.

그 사납던 욕망도 젊은 날의 바람기도
잘 익은 과일처럼 깨끗하게 닦아주더니
이제는 칼 제법 휘두르는 뜨거운 아내다.

촉촉한 사랑의 입술 천千의 혀를 가진 여자女子,
지친 영혼 발 가랑이를 서늘하게 적시느니
빈 가지 살 에는 눈 밑이라도 꽃이 되는 애인이다

*) 2005년 제3회 유심작품상 수상 작품.

편안한 만남

길은 물에 이르러 조용히 죽는다
물은 바다를 만나 제 목숨을 넘겨주고
바다는 수평에 닿아 하늘 길을 만든다

햇살들이 맨몸을 굴려 선경禪境에 든 봄철 한낮
반쯤 열려있는 문, 주인 없는 빈 백담
내, 나를 만나는 것도 그랬으면 좋겠다.

종소리 산을 흔들며 마을로 내려간 저녁
고요도 첩첩 산중 새 울음도 잠든 산사
마음 속 이는 바람결 꽃 한 송이 톡! 진다

국화

학생들이 집으로 가고 연구실에 혼자 앉아
문 쪽 바라보다 머무느니 국화 한 다발

시들어 푸석한 얼굴
누가 꽂아두고 갔을까

갑자기 내가 무서워진다 주위를 둘러본다
어느 행간 헤매다가 나는 주저앉은 것일까

한 계절 가는 것도 모르고
꽃 있는 줄도 모르고

유리창 밖 어둠 속에서 누군가가 나를 보면
그도 흠칫 놀랄까 먼지처럼 늙는 생生을 보고

내 마음 금간 화병의
물을 가는 늦은 저녁

그리움

길입니다.
한 사람만 겨우 지나는
오솔길입니다
누가 안 오나
목을 빼던 할머니집
장지문 까아만 그을음
바다로 가서 죽은
길입니다

물입니다
물수제비 아프게 받아내던
달빛아래선 율랑율랑
햇살아래선 종알종알
송사리 지느러미 끝
은빛, 은빛!
바다에서 다시 사는
물입니다

둥긂의 힘
─ 가벼워짐에 대하여 · 2

　자전거 바퀴의 은륜에 감기는 햇살, 둥근 것이 그리움을 만듭니다.

　내 공부 때문에 공납금을 못 내고 학교에서 일찍 돌아와 사립 밖에서 울던 누이의 눈물, 다 떨어진 빈 나뭇가지 삶이라도 겨울의 마지막까지 떠나지 않고 있는 굴참나무 이파리들, 곧 바람에 날려갈 것만 같은 새 집들, 그 새들이 잘자르 딱데굴 쎄롱쎄롱 쓰쓰쓰 지저귀는 귀엽고 동그란 소리들, 둥근 것이 그리움의 집입니다. 츠츠츠 파라라락 물수제비뜨며 날아가는 납작돌, 꽃과 잎 다주고도 차마 가지 못하고 서걱이는 연蓮대들, 산모롱이 휘어 돌아간 호젓한 오솔길, 휘어져 금세 하늘로 날아오를 것 같은 추녀 그 며느리서까래 끝 쉴 새 없이 몸을 부딪는 물고기의 종소리 배흘림기둥 암기와 수키와 …둥근 것이 그리움의 영토입니다.

　저것들, 둥근 따사함이 나를 키워온 것들입니다.

사람이 사람을 견디게 한다
— 가벼워짐에 대하여 · 3

1

기쁨은 태양의 울림입니다.

어머니는 식당 종업원, 아버지는 운전기사. 가난과 싸우며 일궈낸 금메달에 우리는 누구나 박수를 보냅니다.

박수 뒤 흐르는 눈물, 기쁨도 슬픔이 없는 기쁨은 기쁨이 아닙니다.

2

슬픔은 달의 음악입니다.

친척에게까지 가슴에 상처를 주고 파산한 40대의 가장. 땀 흘리며 막노동판에서 받은 일당으로 생선 한 꿰미 사들고 집으로 돌아가는 저녁 무렵. 개밥바라기도 눈웃음을 보냅니다.

슬픔도 기쁨이 없는 슬픔이라면 얼마나 적적하겠습니까.

3

울림과 음악 사이, 사람이 희망입니다

아이를 구하고 결국엔 다리를 절단한 철도 역무원 김행균 씨. 나환자들의 성자 다미엔 신부와 우리의 김요석 목사. 일본인을 구하려다 죽은 아름다운 청년 이수현 씨. 친구들을 살리고 죽은 유준영 고등학생….

아무리 진창의 삶이라도, 사람이 사람을 견디게 합니다.

배경

그림을 그리다 보니 이제 알겠다
선線이 선으로
살아 있으면 안 되는 이유
선線들이 면面으로 스며야
배경이 된다는 걸

나는 늘 선線으로 살기를 바랬다
책상에 선을 긋고
넘어오면 내꺼다
삼국지 땅뺏기 놀이
늘 고구려가 되고 싶어 했다.

어디를 가더라도
나, 여기 있어 손을 흔들고
그건 안 돼, 모든 것은 일렬로 나란히……
쌀보다 적은 원고료 보내면서
갑자기 미안하고 허전해진다.

4

해남에서 온 편지

황토

내 슬픔 으깨

네 붉은 적멸궁寂滅宮

가

닿으리

가슴 죄다 드러내고

무릎 꿇고

바보처럼

천千날을 매 맞고 서서

잘못했다, 잘못했다고……

가벼워짐에 대하여

뽕나무 하면 생각나는 일이 많지만요.

하굣길에 뒤가 마려워 후닥닥 뛰어든 뽕밭
웃뜸 영심이 고 쪼그만 계집애
옴시락거리며 먼저 일 보고 있던
다른 무엇보다 고 살끈한 엉덩이 떠오르지만요
몰라몰라 그때 마침 노을빛 콩당콩콩
방아 몇 섬 찧었다던가
쏴하니 개밥바라기 시린 살점 두엇 떠올랐던가
달싹이다 끝내 아무 말 않고 팽 돌아선 고, 고, 고
짜글짜글한 오디 입술 생각나지만요

그 후로 내 가슴 뽕밭이 하두 환해 와서
환해는 와서……

아름다움의 한가운데

마른 땅 위에 한나절 비가 내리고
트랙터 지나간 뒤
깊게 패인 바퀴 자국들!

세상의 모오든 길들은 상처가 남긴 살점이다

적벽을 찾아서

마음에는 누구에게나 하늘이 있습니다
푸른 물 고여 출렁이는 산山, 그 흰 이마의 새떼
흘러도 다 울어내지 못한 강물이 있습니다
때로 절정을 향해 별은 또 빛나고
번개와 우레가 외로움에 꽂히지만
누구도 스스로의 하늘에 도달할 수 없습니다

마음에는 누구에게나 바다가 있습니다
희끗희끗한 절망의 파도, 등 푸른 욕망
숯처럼 타오르는 한 척 배 목숨처럼 떠 있습니다

숨비소리 하나도 숨어 그대를 향하지만
부딪히고 깨어져도 잠 하나 못 이루는 섬,
누구도 스스로의 바다 가 닿을 수 없습니다

*) 99년 중앙시조 대상 수상작.

한국의 가을

우리나라 가을에는 어머니가 있습니다

강물 끌고 달은 가웅가웅 수월래에 떠오르고

단풍 든 마음 하나 둘 어머니 곁에 모입니다

…아가 힘들지야 여윈 등을 토닥이는 밤

무릎 꺾인 사랑들이 물소리에 귀 맑힙니다

붉은 감 한 톨에도 천 년, 푸른 바람이 지납니다

해남에서 온 편지

아홉 배미 길 질컥질컥해서
오늘도 삭신 꾹꾹 쑤신다

 아가 서울 가는 인편에 쌀 쪼간 부친다 비민하것냐만 그래도 잘 챙겨 묵거라 아이엠 에픈가 뭔가가 징허긴 징헌갑다 느그 오래비도 존화로만 기별 딸랑하고 지난 설에도 안 와브렀다 애비가 알믄 배락을 칠 것인디 그 냥반 까무잡잡하던 낯짝도 인자는 가뭇가뭇하다 나도 얼릉 따라 나서야 것는디 모진 것이 목숨이라 이도저도 못하고 그러냐 안.
 쑥 한 바구리 캐와 따듬다 말고 쏘주 한 잔 혔다 지랄 놈의 농사는 지먼 뭣 하냐 그래도 자석들한테 팥이랑 돈부, 깨, 콩 고추 보내는 재미였는디 너할코 종신서원이라니… 그것은 하느님하고 갤혼하는 것이라는디… 더 살기 팍팍해서 어째야 쓸란가 모르것다 너는 이 에미더러 보고 자퍼도 꾹 전디라고 했는디 달구 똥마냥 니 생각 끈하다

복사꽃 저리 환하게 핀 것이
혼자 볼랑께 영 아깝다야

*) 내가 있는 학교의 제자 중에 수녀가 한 사람 있었다. 몇 해 전 남도 답사 길에 학생 몇이랑 그 수녀의 고향집을 들르게 되었는데 다 제금 나고 노모 한 분만 집을 지키고 있었다. 생전에 남편이 꽃과 나무를 좋아해 집안은 물론 텃밭까지 꽃들이 혼자 보기에는 민망할 정도로 흐드러져 있었다.

*) 98년 한국시조 작품상 수상작.

하동 가는 길

가야 할 길을 몇 번이고 잘못 들면서 생각한다
살아오면서 많은 길을 잘못 들었을 거라고
내 그대 찾아가는 길 애초부터 없었을 거라고.
그러나 길 들어서면 거기 어울리는 풍경 있듯
뒤란 간장맛 우려내는 5월 햇살도 있으리
독신篤信의 서늘한 뜨락 펑펑 꽃들은 피어나리.
길이 하동에 결국 닿지 못한다 해도
하동은 그 자리 있고 그대 또한 그러려니
사람은 몸 가운데라도 창을 내기 마련 아닌가.
바다가 꼭 목적이 아니라면 바다는,
어디에나 있고 또 아무 데도 없으리니
꽃핀 길 한때의 나무 밑에 잠시 짐을 내려두자.
바라보는 것만으로도 눈부신 사랑은 남아
애써 섬들은 제 희망의 노란 불씨를 깨무는가
미답未踏의 투명한 시간이 겨울 수사修士처럼 지나는 저녁.

작은 사랑

내 사랑 이런 방房이라면 좋겠다
한지에 스미는 은은한 햇살 받아
밀화빛 곱게 익는 겨울
유자향 그윽한

내 사랑 이런 뜨락이라면 참 좋겠다
눈 덮혀 눈에 갇혀 은백으로 잠든 새벽
발자국 누군가 하나
꼭 찍어 놓고 간

연蓮

1

여자女子, 하늘로
하늘로 날아오르는 여자女子
큰 스님 손바닥에
홍등紅燈을 내걸고
봉긋이
물 오른 아랫도리
오, 니르바나
불빛 하나

2

지새는 밤 그리움은
진창이라도 좋다
이것이
네게 갈 수 있는
유일한 길이라면
내 살에 꽃불을 놓아
그대 강江 건너리

3

너를 보면 따뜻한
마을이 보인다
따뜻한 불빛 따뜻한 방房
따뜻한 무덤들
연분홍 바람의 살들이
흰 산山의
이마를 끌고 간다.

선線에 관한 명상

방금 나온 따뜻한 달걀을 만지노라면
논다랑이 휘어진 길들과 보름달
둥글어 더 내줄 것 없는
가난들이 보인다.

삼각자와 컴퍼스에 찔려 아린 시절 있었지
상처를 쥐고 펼 줄 모르던 푸른 욕망의.
산山 쌓고 산山을 허물고, 산山 넘어 산山으로 앉던
예리한 삼각 파도 한 끝을 말아올리며
비바람 속 게 눈처럼 늘 꿈이 슬픈 나는
누구의 따뜻한 개펄이
되어본 적 있었던가

모난 것이 둥글게 나를 키워온 힘이었네
긁혀진 등 새살 돋고 가지 더러 휘어져
사뿐히 고개 든 추녀 끝,
그 유정도 보게 되었네

정점頂點

저렇게 청명하게 흐를 수 없을까
얼음 한 쪽 깨져나가는 겨울 따사한 날
그 밑에 또르륵 똑똑 흐르는 작은 물살처럼

또 저렇게 아찔하게 질주할 수 없을까
오로지 한 정점을 향해 온몸으로 닿는 절망
적요의 슬픈 역사를 뚫고 가는 화살처럼

때론 저렇게 매섭게 돌아설 수 없을까
청청한 허리를 휘어 아슬하게 버팅기다가
눈 녹자, 팽 허공을 날아 후려치는 댓가지처럼

게장 담그기

시장에서 사온 게들을 확독에 부려놓는다

구멍이 송송 파여 곰보 째보 확독 위로
재빠르게 기어오르는 놈 꺼먹꺼먹 눈 감추며 올라서는 놈
얼얼하게 나자빠지는 놈 바닥으로 냅다 곤두박질치는 놈
아하 기막히게 죽은 시늉하는 놈
사정없이 짓빻아라 자근자근
도망가는 놈부터 꽝 내리쳐
아둥바둥 와글법적 수런두런 움찔꿈질 불났다 지진났다
하늘이 무너진다 지축을 울리며
박박 갈아엎어 다 죽여 없애
가루로 씨로 말려

거 그냥 문제 있으면
콱 비벼버리면
조용하잖겠어 게장같이

자살바위
— 무등일기無等日記 · 3

  유독 말이 빠른 까무잡잡한
상겸이가 자살했다.

  무엇이 그를 데려갔을까 국민학교 시절 그 긴 여름날 라디오의 축구 경기를 아나운서 흉내를 내며 잘도 따라하던 상겸이. 그 흉내처럼 달음질도 잘하고 공도 잘 차던 상겸이. 작지만 야무진 순토종 해남 똥개 상겸이. 지방 명문대, 명문과를 진학해서 더러 데모도 하고 소주도 마시고 연애도 하고…… 그러더니 어느 날 무등의 자살바위 아래로 몸을 던졌다. 상경대를 졸업하고도 취직하지 못해서일까. 필기시험 다 붙어도 뭐 잘난 꼬리냐고 꼬리표를 달아대는 세상이 미워서였을까 구름 한 점 없이 맑은 오월의 하늘이 무서워서였을까 정말 무서웠던 것일까

  무등無等은 말없이 돌아눕고
해남 바다,
대책없이 그리운 날.

유채밭에서
— 무등일기無等日記 · 4

삶이란 때로
봄 세상의 나들이,
조그맣고 아름다운
병아리 떼 종종거림 같은 것.
남도 땅, 물오르는 남도 땅
유채꽃밭 같은 것.

더러 그만그만한 울음과 부대낌 섞여
다 떠나고 빈 산천
저 홀로 깊어가도
저것 봐, 물살 환한 그리움으로
살아오는
그것.

튕겨나오는 공을 보면 · 2

무한창공 날아가는 유년幼年의 돌팔매
정지에서 율동으로
절망에서 자유로
바람이 바람을 뚫고 엄동을 쓸고 간다

오랫동안 감금당한 쇠창살을 박차고
…… 이탈 · 파동 · 돌진 · 충돌
반전 · 전율 · 함성
아아 함성
매 맞고 버림받아도 너를 사랑한다, 사랑한다

절규하듯 달려오는 저 혼신의 아름다움
한 번 더 힘껏 차올려
슬픔마다 날개 달아주고
더 이상 이 지상에는
너를 가두지 않으리.

나사에 관한 기억

안 잊힐 일들이 그저 잠잠히 사라져 간다
고향 집이 수몰하듯
기억 속에 묻혀 가는 일은
참으로 눈물겨운 일이다
믿을 수 없는 일이다

쓸려간 자리마다 그래서 표시를 하고
미더운 저 끝에서 소리하여 눈짓하고
돌아도 몇 굽이돌아 연신 뒤돌아보는 게다

- 뒤틀리는 울음소리
소름 돋는
제3구역
어버버 수천의 무덤들
아부바버 비가 내리고
뻥 뚫린 5월 광주여
출구가 너무 멀다

억새풀 둑길 위로 달이 또 뜨는갑다
안에는 바퀴 흔적
밖에는 칼날 그리움
꼭 끼워 아픈 상처도 이윽고 하나가 되듯

여자는 길이다

　　　1

하늘은 제 가슴을 가르며 길을 내고

바다는 시린 가슴을 덮으며 길을 지운다

흉터를 드러내지 않는 여자,

길은 여자다

　　　2

퉁퉁 분 음식찌꺼기가
말라 붙어가는 황금동 골목

고래등같이 유들거리는 사내들의 눈이 짓밟고 지나도
천연스레 화장을 고치고 앉아
파릇파릇하게 꽃 가슴 열어 보이네
그 여자, 얼굴을 두드리다 고개 디밀어
흘끔 흘끔 보내는 눈짓

붉은 입술… 거기,
길이 놓여있네 혼자 들어가기에는 화사하고
빼곡한 토마토, 속 같은 밤

나 걸음, 문득 붉어지고 숨, 가빠지네 아프네

   3
세상 사내들 산山 가랑이에 지친 발을 담그는 저녁

달빛 내리는 개펄을 나눠 가진 남도 아낙들도

둥근 방! 아, 따뜻한 품어 아이들을 키우고 있다

5

떠도는 삼각형

떠도는 삼각형 · 1

나
벅차고도 슬픈 꿈 하나 가졌어라
모나고 금간 가슴들 부딪혀온 강기슭에
여직도 연이 되어 떠도는
슬픈 꿈 하나 가졌어라

푸른 절망의 손끝마다
일어서던 자모子母의 울음.

 아직도 나 알 수가 없네 나를 향해 자꾸 일어서던 칼날같은 바다 물살과 목울대까지 차오르던 찬 바람소리.
 아버님은 등 돌린 채 내내 말씀이 없으시고 바늘귀 어두운 어머님 손끝 성에처럼 묻어나던 겨울, 그때부턴가 멀리 가고 싶어지는 꿈을 꾸기 시작했네. 점과 점이 모여 선을 만들고 선들이 모여 만드는 삼각형의 아름답고 불안한 꿈을…… 밤이면 것들이 별이 되어 가슴에 와 박혔네
 박힌 내 가슴엔 아아 밤새 피가 끓고 조선 창호지같이 팽팽히 떨던 슬픈 꿈 하나 잠 잃은 새벽이면 마른 혼들 불러 모아 들녘 가득 불을 내질렀네.

비 젖은 그 꿈이 낱낱이
머리 풀고 떠도는 오늘.

나
기막히고 벅찬 꿈을 가졌어라
살이 타는 그대와 나
재로 스러질 그날까지
끊지도 맺지도 못할
슬픈 선線의 꿈 하나 가졌어라.

떠도는 삼각형 · 2
— 그네

놀이터에서
한 아이가
그네를 타고 있다.

그네를 타는 것은 아이와 내가 다를 바 아니다. 그러나 아이가 느끼는 것은 하늘과 땅 번갈아보는 아찔한 재미이고 내 그네는 실은 허공에 매여져 환시처럼 머릿속을 오갈 뿐이다 (화사한 꽃밭과 텃밭 사이, 더러 죽음과 삶 사이, 안개와 눈물 사이, 관념과 실존 사이)
내 그네에 있어 안개와 죽음은 동류항이다. 땅과 실존이 동류항이듯. 아이가 하늘과 땅을 자유자재로 오가며 재미를 느끼는 그것처럼 아아 나도 번갈아 그 두 개를 맞잡아 흔드는 재미를 볼 수 없는 것일까.

땅
하늘
선명한 경계 위에
발이 아픈
내
그림자.

떠도는 삼각형·4

비가 내렸다
비가悲歌처럼

우울한
해저
그믐달 돋던
그날

  소리들이 오고 있었어. 만경들 건너 흰 머리카락 날리며 목칼 쓴 소리들이. 가만히 귀를 모으면 그건 낮은 흐느낌이었어 물러가라, 검은 산아 물러가라 그렇게 들리는 듯했어 붉은 피 서너 방울이 그 소리에 섞여 있었어 투박하게 땀내 절은 목소리였어
  검은, 검은, 검은 산은 모두 가라 무너져라 그 소리들은 산울림 되어 이 골 저 골 울려갔어. 혹시 들었는지 몰라, 핏물 괸 그 소리 고문당한 그 소리 찢겨발려 얼굴도 이름도 없는 그 소리 저승까지 다녀온 그 소리. 그 소리들 하나 둘 손잡더니 이윽고 수천수만이 모여 웅장한 화음 이루어내는 것을

아, 그래 그 화음 그 살아 뛰는 율동의 소리 얼마나 기다려왔던가 얼마나 듣고 싶었던가 발 가장자리에 물살들이 모이고 나는 자꾸 하늘로 날아오르고 싶었어 훨훨 어디론가 날아가고 싶었어.

 그런데
 이상한 일도 다 있지
 그 화음의 노래들이 나를,
 나를 휘감아 하늘 위로
 떠올리는 거였어.

삼각형에 관하여

1. 빗면

탄탄한 어둠을 거기 잠시 내려두게
속잎 뽑는 이파리의 부드러운 회전 낙하
아르르 졸음이 밀려 그만 눈을 감는 오후.

2. 모서리

아직도 내 손안에는 모나고 모난 오기들이
황토빛 무지와 솔불 켠 불면으로 산다
꽉 쥐면 핏물이 배어도 다시 펼 줄 모른다.

3. 수직

살의殺意를 번뜩이며 달려드는 멀미를 딛고
붉게 달은 의기意氣 하나 송곳으로 서는 아픔
온 뜨락 햇살이 모여 아침 내내 반란이다.

일어서는 바다 · 1

낮게 부서지는 무한량의 햇살들
해초들 파란 손금에 은어 떼가 일렁입니다.
시간의 흰 두개골頭蓋骨이 몰래 빠져 나갑니다.

썰고 썰어내도 뼈들의 싱싱한 웃음
가쁜 숨 자지러지며 낮달 하나 토해낸 뒤
무르팍 깨진 유년이 소리치며 달립니다.

어디론가 소란소란 소문들이 눈뜹니다.
순금빛 부채 무늬 노을인 듯 깔아두고
산고産苦의 멀미를 깨문 여인들이 뒹굽니다.

종鐘소리 떠갑니다. 녹물 씻고 절망 딛고
모둠발 뛴 아픈 자리 꽃을 들어 답하는 아,
한목숨 쓸려간 후에 다시 오는 물살이여.

일어서는 바다 · 2
— 부활의 아침을 위하여

1

질주한다 탄탄한 어망 속의 새 울음들이…… 찔려서 아픈 기억마다 살비늘로 일렁이던, 그래도 포선을 그리는 아아 어린 날 팔매 끝을.

그날 나는 바다에 서 있었다. 서서 기도하며 달이 돋기를 기다렸다 달은 뜨지 않았고 오히려 목을 조이던 나사들의 웅얼거림.

지금 저 밖 눈 비치는 싸늘한 공습경보 바람이 오겠지 더운 바람 이끼가 낀. 어머니 배가 고파요 섬들이 울고 있어요

2

낮인데도밤이었다뿌리뽑힌바람이날세운칼날앞에하얗게쓰러지고바다는게구멍숨어실눈뜨고울었다.들을수도말할수도없었다옆구리가가엾게도기침을쿨쿨……슬슬빠지고내다리잔털이돋아정말게가되고싶었다.

3
상심한 벨라돈나Belladonna*

꽃을 흩고 뛰어간다.
죽었어요
그 사내는
…… 매달려
두 눈 뜬 채

풀들이
눈을 뜰까요
어둠이 몰려와요.

   4

아무런 울음소리 이제 여기 들리지 않고

공기를 떨게 하는 정적의 푸른 비늘뿐
인간적 너무 인간적인

물이 든다
달이 뜬다.

*) 미美 또는 부정不貞의 여인.

비가悲歌

흐리고 안개 낀 날 나 그대를 보내야겠네
말간 시간의 뼈들이 떠가는 새벽 정거장
물방울 두어 점 떨어질 듯 아린 고비 다 지나
넘고 넘어온 능선 어질머리 꿈 다 버리고
산과 하늘 맞닿은 곳 그 아슬한 추억도 지나
꺼지는 등불 바라보며 그대 보내야겠네
어떤 것이 우리게 남아 악수를 청해와도
담담히 건네는 눈짓 서로에게 보이지 않더라도
떠남을 예비한 만남 눈물 아예 흘리지 않으리
돌아오는 강둑 길 저 푸릇한 잎새며 들풀
밟고 지나온 유년기의 향내 가지런히 모아
더러는 그대에게 보내고 더러 나 안고 오겠네.

줄넘기

줄 넘어라
줄 넘어라

바람갈퀴
풀무 속을

갈 때 한 번
올때 한번

닫힌 가슴 죄를 열고

머리채
흔들며 울어라

문열렸다
달들었다.

그대 하늘에 뜨는 내 사랑은

그대 하늘에 뜨는 내 사랑은
목을 찢는 깃발이리
더운 숨결 도로 눕히며
잦아드는 소나기리
온 새떼 몰고 가버린
메아리의
겨울 빈 집.

화살이리
한군데로 가 꽂히는
적막하고 큰 슬픔……

아직도 팽팽히 흔들리고 있느냐. 가랑이는 가을 산 깊은 골을 한길로만 깔려가는 사랑이여 독毒이 올라 부르르 떨던 천길 어둠의 심중心中, 일곱 빛깔 난무하던 꽃잎들 모두 지고 목청 높던 강론도 흰 거품의 광기도 저들끼리 떠난 거리 정사情事의 계곡 훔쳐 지나 외딴 초가 봉창 위를 두 눈 감고 떠돌다가 아아 비로소 눈뜨고 만난 봄볕 물빛으로 문 열고 나서는 그대여 어디론지 모르게 나는 그 자리 없고 동강난 허리 바튼 기침의 함성만이 얼키설키 하얗던 때 그대 찬 입

숲에 뜨거운 피를 쏟아도 그대의 영혼은 깊고 깊은 잠속의 나라로 떠나고 나는 다만 허공에 꽂혀 울 그 뿐.

  여직도 못 찾은 그대 과녁
  시위 떨던
  어스름 끝에

  반만 남은 노을빛이리
  그대 하늘 내 사랑은
  심장 겨누며 내 앞에 와 그만 멈춘
  칼날이리
  바다리, 푸른 생명이
  늘 푸르게 달려오는.

목숨에 기대어

가을이 지는 창 쪽
꽃물 벗은 숲을 지나
떠나가는 웃녘 빈산의
뒷모습이 아픈 새벽
불현듯 잠을 깨치며
살아 뜨는 모음母音이여

팽팽하게 잠겨 있는
내 현鉉의 달빛 근처
실낱같은 울음 쏟아
은빛 비늘 밟고 서면
파르르 마지막 한 잎에
천千의 줄이 떨고 있다.

누구인가
허공을 깨는
말의 잠의 어둠의 덫.
불러줄 이름도 없이
꽃은 자주 지지만
또 들국 한 송이 꽂아 두고

손 흔들며 가는 이는.

산을 산이게 하고
바다를 바다이게 한
별,
구름
안개 너머
잠길 듯 떠오는 말씀
한 목숨 닳아가도록
가 못 닿을 눈빛이네.

6월 이미지

1. 호루라기

민초들
피울대
속
잠긴 세월
주리틀어
또,
새떼
떨리는 몸살로
옭아매는
하루
하루.

2. 창

가고 없는 자만이
눈뜨는

산에
들에
허전한 공복 몇 개

휘파람으로 날리며
맨발로 달리는
6월
떠도는
넋
아득한
강.

  3. 깃발

흘러
피 흘러
미친 듯이 피 흘러
아물지 못한 허리

기막히게 피 흘러
빈 들판
온몸을 던져
붉게 우는
노래여.

가을에

1

맑고 곧은
푸른 선의
소리 하나 갖고 싶다.

저 어둠 속 빛을 이끄는
별들의 탄탄한 울음

그 울음 되받아서는
온 산천을
갈고 덮는.

2

떠날 것은 가게 두고
남은 가슴 다시 추려

갈바람 햇살 얹고
꿈꾸는 섬
눈감는 들

버리고 얻은 자유가
너무 넓어 쓸쓸하다.

   3

사랑은 또 어디서
바람을 데불어 오나

깻묵 냄새
들기름불
유자 곱게 익는 마을

땅 밟고 걸으면서도
땅이 자꾸
그리워진다.

겨울 일기

1. 창을 닦으며

덜컹거리는 꿈의 바닥
유리창을 닦는다.

방황과 그 많은 시작
호호 불며
손이 시리다.

기우는 복도의 저쪽
불안한 예감 하나.

2. 초설初雪

귀만 남아
떨리는 잎새
은빛 가루
환한 갈채

마른 국菊 뿌리까지
속죄양贖罪羊의

햇살 일면

새남터
연푸른 종소리
골목길을 깨운다.

3. 보리밭

여윈 가슴 핏물 돌아
살갗 트는
하늘 목숨
밟아다오 밟아다오
눈 못 뜨는 천근 죄를
가난도 헤집다보면
눈에 드는
불씨 서넛.

4. 동백

붉은 입술 깨어 물고
겨울 이편 물이 드네.

이승과 저승 사이
더러 잠과 안개 사이

감은 빛
빼는 목청을
또 한고비 넘어가네.

북악 · 5
— 어떤 꿈

한 여자가 지나간다
바람같이
바람같이
쓸어내면 풀풀거리며
먼지로 내려앉을 여자
온몸에
실리는 강물
회빛 강물
퀭한
눈빛.

사랑 산조散調 · 5
― 팔매질

감으면 보일 듯이 내내 허리 감추는 그대 아직 먼 나라 안개 바다 그윽한 소리 사랑은 그리운 팔매질 어둠으로 던져지는.

이 지 엽	
	연 보

1958년 음력 12월 25일 해남군 마산면에서 부 이용호李龍浩와 모 윤동례尹東禮의 4남으로 태어남(본명 : 경영景瑛).

1972년 해남중학교 2학년 재학 중 가족들의 상경에 의해 서울로 이전, 중화중학교로 전학.

1974년 경동고등학교 입학, 재학 시 상단上段 문예반 활동. 상단 33기, 각종 백일장 등 수상 20여 회, 문예공로상 수상.

1975년 친구 김동찬과 함께 2인 시집『제목 없는 전설』발간.

1979년 시와 시조집『아리사의 눈물』발간.

1981년 성균관대 영문과를 거쳐 같은 대학원 국문학과 마침. 문학박사(1989년).

1982년 한국문학 백만 원 고료 신인상에 시「촛불」외 당선.

1983년 7~8월 한 달 일주일간 개인 시화전(화가와 그림: 전문화가) 종로 타임커피숍에서 개최.

1984년 경향신문 신춘문예에 시조「일어서는 바다」가 당선.

1985년『다섯 계단의 어둠』시집 발간.

1988년 10월 시와 에세이『사랑은 그리운 노을빛이어라』(삼진기획) 발간

1989년 시조집『떠도는 삼각형』(동학사) 발간.

1990년 시집『샤갈의 마을』(청하출판사) 발간.

1992년 3월 광주여자대학교 전임강사.

1994년 『한국 현대문학의 사적 이해』(시와사람사, 최한선 교수와 공저), 5인 사화집 『다섯 빛깔의 언어 풍경』(동학사) 발간.

1995년 2월 『당신도 좋은 글을 쓸 수 있다』(도서출판희망) 발간.

1996년 10월 『동시·동화 창작론』(채희윤 소설가와 공저).

1997년 『한국 전후 시 연구』(태학사) 발간.

1998년 「해남에서 온 편지」로 한국 시조 작품상 수상.

1999년 「적벽을 찾아서」로 중앙시조대상 수상.

2001년 1월 『광주 전남 현대 시문학 지도』(시와사람) 발간.
3월, 『씨앗의 힘』(세계사) 발간.

2002년 3월 경기대학교 한국동양 어문학부 부교수로 옮겨옴.
5월 『한국 현대시조 작가론 I』(태학사) 발간.
8월 동화집 『지리산으로 간 반달곰』(고요아침) 발간.
환경부 우수도서 선정.
9월 『21세기 한국의 시학』(책 만드는 집) 발간.

2003년 『얼굴』(고요아침) 발간.
12월 성균문학상 수상.

2004년 4월 시집 『씨앗의 힘』으로 평화문학상 수상.

2005년 2월 『현대시 창작 강의』(고요아침) 발간.
8월 「물은 여자다」로 제3회 유심작품상 수상.

2006년 8월 『북으로 가는 길』(고요아침) 발간, 한국문화예술위원회가 선정한 우수문학도서 선정.
12월 인장박물관에 「해남에서 온 편지」 시비 제막.

2007년 『현대시조 쓰기』(랜덤하우스 코리아) 발간.
3월 『시가 다시, 희망이다』(고요아침) 발간.
3월 『글쓰기의 이론과 실제』(고요아침) 발간
12월 『한국 현대시조 작가론Ⅱ』,『한국 현대시조 작가론Ⅲ』(태학사) 발간.

2009년 2월 『문학의 새로운 이해』(고요아침) 발간.

2010년 「강렬한 파동의 색채와 성찰하는 정신의 중후한 미학」(김일해론) 등의 다수의 미술평론을 씀. 11월, 한국 미술 대표작가 에스프리 총서를 기획하여 『김일해-움직이는 빛, 행동하는 색채』를 발간.
4월 경동고 동창회배 바둑대회 개인전 1위.
12월 시집 『어느 종착역에 대한 생각』(고요아침) 발간.

2011년 2월 「새」로 오늘의 시조문학상 수상.
8월 시조집 『사각형에 대하여』(고요아침) 발간, 한국도서관협회가 선정한 우수문학도서 선정.

2012년 9월 「알」로 제 32회 가람시조문학상 본상 수상.
12월 『울음의 본적』(고요아침), 채송화 제9집 발간.

2013년 2월 『한국현대시조문학사시론』(고요아침) 발간.
6월 『시인의 견적』(고요아침), 채송화 제10집 발간.

1995년 이후 「존재와 성찰의 시학」「형식의 자유로움과 그 틈새의 세상 읽기」「순수와 화해와 자존의 내면 풍경」「아름다운 슬픔과 탄력의 미학」(박재삼론)「생명·의식·길의 존재론적 탐구」(장순하론)「둥근 종소리, 그 희고 서늘한 서정」(정완영론)「존재와 성찰의 시학」「형식의 자유로움과 그 틈새의 세상 읽기」「순수와 화해와 자존의 내면 풍경」 등 많은 시와 시조 관련 평론 발표.

1997년 우리시대 현대시조 100인선 102권 시조집 총괄 기획 및 진행(~2007년. 태학사 102권 완간).

2002년 서울600년전(세종문화회관) 출품하고 2007년 <시가 다시 희망이다> 전을 총괄 기획하여 본 전시(세종문화회관 2007. 2.7~2.13))에 이어 앵콜전(서울메트로미술관 2007.4.1~4.9)과 산업은행 창립53주년 기념 <시에게 길을 묻다>(여의도 산업은행 1층 아트리움 2077. 4. 11~4. 25)전시회를 성황리에 마침.

2007년 11월 이후 서울 북가좌동과 서울 압구정동과 와룡동, 분당 서현에 움직이는 미술관 <섬갤러리>를 오픈하여 미술 전시회를 계속해오며 미술 대중화작업에 애씀.

2008년 한국예술상韓國藝術賞을 제정하여 그동안 제1회 창현 박종회 문인화가, 제2회 학정 이돈흥 서예가(2009년), 3회 정우범 서양화가(2010년), 제4회 김일해 서양화가(2011년), 제5회 최예태 서양화가(2012년)를 선정하여 시상함.

2013년 3월 20일~26일 <초록생명의 꿈 전>(유화 80점 출품), 인사아트 갤러리에서 개인전.
민족문학작가회의・한국시인협회 이사 역임, 조선일보・중앙일보 신춘문예 심사위원 역임.

현재 계간 ≪열린시학≫ ≪시조시학≫ 편집주간. 오늘의 시조시인회의 의장. 성균문학인회 회장. 경기대학교 국어국문학과 교수. 민족문학작가회의・한국시인협회 회원.

〖한국대표명시선100〗을 펴내며

한국 현대시 100년의 금자탑은 장엄하다. 오랜 역사와 더불어 꽃피워온 얼·말·글의 새벽을 열었고 외세의 침략으로 역경과 수난 속에서도 모국어의 활화산은 더욱 불길을 뿜어 세계문학 속에 한국시의 참모습을 드러내게 되었다.

이 나라는 글의 나라였고 이 겨레는 시의 겨레였다. 글로 사직을 지키고 시로 살림하며 노래로 산과 물을 감싸왔다. 오늘 높아져 가는 겨레의 위상과 자존의 바탕에도 모국어의 위대한 용암이 들끓고 있음이다.

이제 우리는 이 땅의 시인들이 척박한 시대를 피땀으로 경작해온 풍성한 시의 수확을 먼 미래의 자손들에게까지 누리고 살 양식으로 공급하는 곳간을 여는 일에 나서야 할 때임을 깨닫고 서두르는 것이다.

일찍이 만해는 「님의 침묵」으로 빼앗긴 나라를 되찾고 잃어가는 민족정신을 일으켜 세우는 밑거름으로 삼았으며 그 기룸의 뜻은 높은 뫼로 솟아오르고 너른 바다로 뻗어 나가고 있다.

만해가 시를 최초로 활자화한 것은 옥중시 「무궁화를 심고자」(≪개벽≫ 27호 1922. 9)였다. 만해사상실천선양회는 그 아흔 돌을 맞아 만해의 시정신을 기리는 일의 하나로 '한국대표명시선100'을 펴내게 된 것이다.

이로써 시인들은 더욱 붓을 가다듬어 후세에 길이 남을 명편들을 낳는 일에 나서게 될 것이고, 이 겨레는 이 크나큰 모국어의 축복을 길이 가슴에 새겨나갈 것이다.

만해사상실천선양회

한국대표명시선100 | **이 지 엽**

그릇에 관한 명상

1판1쇄 발행 2013년 7월 31일
1판2쇄 발행 2013년 10월 22일

지 은 이 이 지 엽
뽑 은 이 만해사상실천선양회
펴 낸 이 이 창 섭
펴 낸 곳 **시인생각**
등 록 번 호 제2012-000007호(2012.7.6)
주   소 경기도 양평군 옥천면 고읍로 164
          ㉾476-832
전   화 (031)955-4961
팩   스 (031)955-4960
홈 페 이 지 http://www.dhmunhak.com
이 메 일 lkb4000@hanmail.net

값 6,000원

ⓒ 이지엽, 2013

ISBN 978-89-98047-88-7 03810

* 저자와의 협의에 의하여 인지를 생략합니다.
* 이 책의 저작권은 저자와 시인생각에 있습니다.
* 잘못된 책은 책을 구입하신 서점에서 교환하여 드립니다.

※ 이 책은 만해사상실천선양회의 지원으로 간행되었습니다.